엽기 과학자
프래니

글·그림 짐 벤튼

짐 벤튼은 미국에서 살고 있는 작가이자 만화가이면서 두 아이의 아버지입니다. 짐 벤튼의 독특하고 익살스런 그림들은 텔레비전이나 장난감, 티셔츠, 축하 카드뿐만 아니라 속옷에도 등장할 만큼 인기가 많답니다. 《엽기 과학자 프래니》는 짐 벤튼이 어린이들을 위해 펴낸 첫 책으로, 많은 어린이들에게 사랑받고 있습니다. 지금도 짐 벤튼이 일하는 작업실 안에는 흥미진진하고 재미있는 많은 자료들이 어린이들을 위해 준비되어 있습니다.

옮김 박수현

박수현은 중앙대학교 영어영문학과를 졸업한 뒤, 어린이책을 창작하고 기획하고 번역하는 데 즐겁게 몰두하고 있습니다. 현재 창작 집단 '바리'에서 활동하고 있습니다. 지은 책으로 《바람을 따라갔어요》, 《단군은 외계인이었을까?》가 있으며, 옮긴 책으로 《물통에 웅덩이를 담아 왔어요》, 《티모시 할아버지는 모으기를 좋아해》 등이 있고, 엮은 책으로 《백지 위의 검은 것》, 《시간을 담는 그릇》, 《책상 위의 태양》 등이 있습니다.

FRANNY K. STEIN, MAD SCIENTIST #5: FRANTASTIC VOYAGE by Jim Benton
Copyright ⓒ 2006 by Jim Benton
All rights reserved. No part of this book may be reproduced or transmitted in any form or by any means. electronic or mechanical, including photocopying, recording or by any information storage and retrieval system, without permission in writing from the Publisher.
Korean language copyright ⓒ 2019 by Language World Ltd.
This Korean edition was published by arrangement with Simon & Schuster Books for Young Readers, an imprint of Simon & Schuster Children's Publishing Division, New York, New York through KCC(Korea Copyright Center Inc.), Seoul.

이 책의 한국어판 저작권은 (주)한국저작권센터(KCC)를 통한 저작권자와의 독점 계약으로 (주)이퍼블릭(사파리)에 있습니다. 신 저작권법에 의해 한국 내에서 보호를 받는 저작물이므로 무단 전재와 복제를 금합니다.

엽기과학자
프래니
지구 최후의 날 시한폭탄

사파리

초판 1쇄 발행일 2006년 6월 1일
개정 2판 1쇄 발행일 2022년 8월 2일
개정 2판 4쇄 발행일 2024년 1월 20일

글·그림 짐 벤튼 | 옮김 박수현
펴낸이 유성권 | 편집장 심윤희 | 편집 유옥진, 한지희
표지 디자인 황금박g | 본문 디자인 정수연, 이수빈
마케팅 김선우, 강성, 최성환, 박혜민, 심예찬, 김현지 | 홍보 김애정, 임태호
제작 장재균 | 관리 김성훈, 강동훈
펴낸곳 (주)이퍼블릭 | 출판등록 1970년 7월 28일(제1-170호)
주소 서울시 양천구 목동서로 211 범문빌딩
전화 02-2651-6121 | 팩스 02-2651-6136
홈페이지 safaribook.co.kr 카페 cafe.naver.com/safaribook
블로그 blog.naver.com/safaribooks | 포스트 post.naver.com/safaribooks
인스타그램 @safaribook_ | 페이스북 www.facebook.com/safaribookskr

ISBN 979-11-6637-869-0
　　　979-11-6637-780-8(세트)

* 책값은 뒤표지에 있습니다.
* 이 책의 내용 일부 또는 전부를 재사용하려면 반드시 저작권자와 (주)이퍼블릭 양측의 동의를 얻어야 합니다.
* 사파리는 (주)이퍼블릭의 유아·아동·청소년 출판 브랜드입니다.

KC마크는 이 제품이 공통안전기준에 적합하였음을 의미합니다.
제조자명 : ㈜이퍼블릭(사파리) 제조국명 : 대한민국 사용 연령 : 8세 이상
종이에 베이거나 모서리에 다치지 않게 주의하세요.

아주 특별한 생각과 취미를 가진
귀여운 과학 소녀 프래니를 소개합니다.

차례

1. 엽기 과학자 프래니의 집 · · · · · · · · · · · · · · · · 9
2. 얼굴을 잃어버린 프래니 · · · · · · · · · · · · · · · 13
3. 엄마는 알고 있다 · 18
4. 텔레비전을 이용하라 · · · · · · · · · · · · · · · · · · 23
5. 텔레비전이 시키는 대로 · · · · · · · · · · · · · · · 29
6. 지구 최후의 날 · 32
7. 하필이면 그걸 삼키다니 · · · · · · · · · · · · · · · 36
8. 이고르, 네가 폭탄을 삼켰어 · · · · · · · · · · · · 48
9. 내가 가는 길이 지저분하더라도 · · · · · · · · 51
10. 이고르 콧구멍 속으로 · · · · · · · · · · · · · · · · 58

11. 깊고 깜깜한 목구멍 · · · · · · · · · · · · · · · · · · 62

12. 무슨 배 속이 이래? · · · · · · · · · · · · · · · · · · 66

13. 껌, 껌, 껌, 온통 껌이야 · · · · · · · · · · · · · · · · 68

14. 나사돌리개가 앞길을 막는구나 · · · · · · · · · · · 74

15. 텔레비전 채널을 돌려라 · · · · · · · · · · · · · · · 80

16. 이고르, 참지 않아도 돼! · · · · · · · · · · · · · · · 93

17. 위험한 물건들을 없애자 · · · · · · · · · · · · · · · 104

　　추천의 말 · 112
　　옮긴이의 말 · 114

엽기 과학자 프래니의 집

프래니네 식구들은 수선화 길 끝에 자리한 집에서 살았어요. 창문마다 귀여운 자줏빛 덧문들이 달린 예쁜 분홍색 집이죠. 집 안은 구석구석 밝고 산뜻했어요. 조그맣고 둥근 창이 나 있는 위층 침실 한 곳만 빼고 말이에요.

그 창문 너머에는 프래니의 방이자 연구실이 있었어요. 아무리 엽기 과학자의 방이라지만 프래니의 연구실은 너무나 괴상했어요. 프래니의 실험 기구와 발명품들은 웬만한 엽기 과학자도 흉내 내기 힘든 것들이었죠.

정말이지 프래니가 벌이는 일들은 너무 복잡해서 혼자서는 감당하기가 힘들었어요. 그래서 프래니는 이고르라는 조수를 두었답니다.

음, 이고르는 순종은 아니었어요. 푸들, 치와와, 비글, 스패니얼, 셰퍼드종이 조금씩 섞인 데다가 개 비슷한 다른 동물의 피도 조금 섞인 녀석이었죠.

　이고르는 프래니와 함께 수많은 실험을 했어요. 연구실에서 프래니의 조수로 일하면서 엽기 과학에 대해 많은 걸 배웠죠.
　하지만 이고르는 여전히 모르는 게 너무 많았어요. 그래서 프래니는 위험한 실험을 할 때 이고르가 주변을 얼씬거리면 불안하고 신경이 쓰였어요.

얼굴을 잃어버린 프래니

프래니는 단추를 누르면 젤리 도넛이 한 입 크기로 튀어나오는 장치를 만들었던 기억이 아직도 생생하답니다. 이고르가 젤리 크기를 잘못 계산하는 바람에 학교가 온통 젤리로 가득 차고 말았거든요.

이런 일도 있었어요. 프래니가 평범한 식물에 호랑이 디엔에이(DNA)를 넣어서 예쁜 줄무늬 꽃을 만들어 보려던 참이었어요. 그런데 이고르가 실험 계획서를 잘못 읽는 바람에 하마터면 둘 다 꽃 덩굴에 잡아먹힐 뻔했죠.

자동 세수 기계도 절대 잊을 수 없어요. 이번엔 이고르가 스위치를 잘못 누르는 통에 프래니의 얼굴이 홀딱 벗겨지고 말았다니까요. 다행히도 프래니가 응급 치료를 잘해서 큰 탈 없이 얼굴을 다시 붙이기는 했지만 말이죠.

이고르는 이렇게 프래니의 실험 계획들을 위험에 빠뜨리는 골칫거리였어요. 그래서 프래니는 도무지 마음을 놓을 수가 없었죠.

그런데 프래니 주변에는 이고르 말고도 날마다 말썽을 달고 사는 사람이 한 명 더 있었어요. 전갈이며, 흰개미 따위의 온갖 해충들보다도 더 골치 아픈 말썽꾸러기였죠.

바로 프래니의 남동생이었어요.

엄마는 알고 있다

프래니는 사납게 날뛰는 멧돼지를 아무도 눈치채지 못하게 집 안으로 몰아넣는 방법을 알고 있었어요. 변기 안에 풀어놓은 전기뱀장어들을 감전되지 않고 기를 자신도 있었어요. 마음만 먹으면 외발자전거를 타는 티라노사우루스도 만들 수 있었죠.

하지만 그런 프래니도 남동생 프레디만은 도무지 다룰 수가 없었어요.

　그러던 어느 날, 프래니는 남동생이 엄마 앞에서는 말썽을 부리지 않는다는 걸 알아챘어요. 엄마가 요리를 하거나 책을 읽을 때, 자동차에 기름을 넣을 때에도 프레디는 그 앞에 얼씬도 하지 않았어요.
　만일 그 일들을 프래니가 했더라면, 분명히 프레디와 이고르가 미친 듯이 귀찮게 굴었겠지요.

엄마는 도대체 어떤 방법으로 프레디를 꼼짝 못 하게 하는 건지 프래니는 몹시 궁금했어요.

펭귄 괴물이 우글거리는 물통 위에 프레디를 대롱대롱 매달아 놓는 게 아닐까?

아니면 얼음 상자 속에 가두어 버리거나.

프레디를 미라로 만들어 버리는 걸지도 몰라.

혹시 소금물에 담그는 걸까?

그것도 아니면 눈이 나쁜 에드나 고모에게 프레디를 못생긴 의자라고 말해서 깔고 앉게 하는지도 몰라.

 그런데 놀랍게도 엄마는 프래니가 전혀 상상하지 못한 방법을 쓰고 있었어요. 훨씬 손쉽고, 효과적이면서도 지독하기 짝이 없는 장치를 이용하고 있었던 거예요. 단추 한 번으로 프레디를 꼼짝 못 하게 만드는 장치였죠.

텔레비전을 이용하라

엄마가 리모컨을 눌러 텔레비전을 켰어요. 그러자 갑자기 프레디가 바삐 걸어가다 말고 우뚝 멈춰 서더니 텔레비전 바로 앞에 털썩 주저앉았어요.

프레디는 텔레비전 화면 앞에 얼어붙은 듯 앉아 있었어요.

"최면에라도 걸린 것 같군."

프래니는 프레디의 얼굴에 대고 손을 흔들어 봤지만 꿈쩍도 하지 않았어요.

프래니는 연구실로 가서 독거미, 흡혈박쥐, 코브라 등을 가져와 다시 프레디의 얼굴 앞에서 흔들어 보았어요. 하지만 프레디는 텔레비전만 뚫어져라 쳐다볼 뿐, 전혀 움직이지 않았죠.

프래니는 씩 웃으며 말했어요.

"그래, 바로 이거야."

프래니는 전기에 관한 책을 훑어보고 나서 애견용 텔레비전과 리모컨을 만들기 시작했어요.

잠시 뒤 프래니는 완성된 새 텔레비전을 이고르 앞에 설치했어요.

"이고르, 너만큼 나를 잘 도와주는 조수가 없다는 건 알고 있어."

프래니가 부드럽게 말했어요.

"하지만 가끔은 나 혼자서 해야 하는 일도 있거든. 그때 넌 이 텔레비전을 보고 있으면 돼."

프래니가 리모컨 단추를 누르자 텔레비전이 켜졌어요. 이고르는 바닥에 털썩 주저앉아서 텔레비전을 뚫어져라 쳐다봤어요.

프래니는 독거미, 뼈다귀 그리고 얼마 전에 이고르가 보는 앞에서 만든 조그만 괴물까지 흔들어 보았지만 이고르는 꿈쩍도 않고 화면만 쳐다봤어요.

"끝내주는군. 아주 완벽해."

프래니는 만족스럽다는 듯이 말했어요.

텔레비전이 시키는 대로

사실 그렇게 완벽한 건 아닌지도 몰라요. 계획대로 텔레비전이 이고르를 사로잡긴 했지만, 이고르가 어딘가 이상해진 것 같았거든요.

텔레비전에서 풍선껌 광고가 나오자 이고르는 재빨리 풍선껌을 씹기 시작했어요.

이고르는 텔레비전에 배가 나오면 뱃사공 흉내를 냈고, 왕에 관한 영화가 나오면 왕처럼 행동했죠.

이고르는 텔레비전에 나오는 건 모두 다 따라 했어요. 자기가 왜 그걸 따라 하는지도 모르면서 말이에요.

 어느 날은 텔레비전에 사이다 광고가 나올 때마다 사이다를 마셔 대는 바람에, 연구실이 트림 소리로 시끄러웠죠.
 트림 소리를 견디다 못한 프래니는 결국 연구실에서 트림을 못 하게 하는 규칙을 만들었어요. 그리고 이고르에게 규칙을 잘 지키도록 단단히 일러두었지요.
 프래니도 문제는 텔레비전에 있다는 것을 모르는 건 아니었어요. 하지만 **지구 최후의 날** 폭탄을 완성할 때까지만 참기로 했지요.

지구 최후의 날

지난해 무렵부터 프래니는 자신의 연구실에 있는 물건들이 자칫해서 나쁜 사람들의 손아귀에 들어가면 정말로 끔찍한 일이 벌어질 수 있다는 사실을 깨닫기 시작했어요.

 어느 사악한 외계 비밀 조직이 프래니의 파마 기계를 훔쳐서 지구인들의 머리 모양을 형편없는 얼간이처럼 만들어 버리겠다고 협박할지도 모른다는 생각이 들었어요. 만약에 사악한 외계인들이 피라냐 세발자전거의 설계도를 손에 넣으면 어떻게 될까요? 세상은 눈 깜짝할 사이에 피라냐 떼로 뒤덮이고 말겠죠.

사악한 엽기 과학자가 프래니의 팬티 리모컨 설계도를 빼앗아 가는 일도 상상해 보았어요. 만약 그 악마가 설계도를 손에 넣으면 온 세상 사람들의 엉덩이 사이에 팬티가 끼여서 난장판이 벌어지고 말 거예요.

그 밖에도 셀 수 없이 많은 발명품들이 나쁜 무리들의 손에 들어갈 경우를 대비해서 프래니는 부지런히 **지구 최후의 날** 폭탄을 만들었어요.

폭탄의 크기는 겨우 동그란 풍선껌 정도지만 강력한 폭발력은 여태껏 프래니가 만든 것 가운데 최고였답니다.

프래니는 자신의 발명품들이 사악한 이들의 손아귀에 들어가는 위험한 상황에 대비해서 이 폭탄에 시한장치를 설치했어요. 만약 자신의 발명품들이 사악한 사람들의 손에 들어갈 위기에 처하면 연구실을 폭파해서 지구를 보호하겠다는 생각이었죠. 비록 이 폭탄이 폭발하면 지구의 왼쪽 절반이 다 날아가겠지만 말이에요.

하필이면 그걸 삼키다니

프래니는 오랜 시간에 걸쳐 **지구 최후의 날** 폭탄을 완성한 뒤, 아주 깊은 잠에 빠졌어요. 엽기 과학자들이 으레 꾸는 꿈을 꾸면서요.

그때 갑자기 무언가에 몹시 놀라서 허둥지둥 달려온 이고르가 프래니를 흔들어 깨웠어요. 이고르는 우주선이 레이저 광선을 쏘아 대는 그림을 들고 있었어요. 그림에는 '외계인이 쳐들어왔다' 라고 쓰여 있었지요.

이고르는 그림을 흔들어 대며 미친 듯이 하늘을 가리켰어요.

프래니는 잠이 덜 깬 멍한 얼굴로 비슬비슬 일어나 **지구 최후의 날** 폭탄을 넣어 둔 특수 금고 쪽으로 갔어요.

"때맞춰 완성되어서 정말 다행이야. 폭탄을 터뜨려야 할 때를 대비해서 여기에다 둬야겠군."

프래니는 폭탄을 탁자 위에 올려놓고 망원경 쪽으로 갔어요.

프래니는 망원경으로 하늘을 샅샅이 훑어봤어요.
"아직 안 보이는데. 놈들이 몰래 기습 공격을 할 속셈인가 보군."
프래니는 망원경에서 눈을 떼며 중얼거렸어요.

프래니가 이고르를 건너다봤을 때, 이고르는 의자에 앉아 텔레비전을 보며 포도를 주워 먹고 있었어요.
프래니는 눈살을 찌푸리며 말했어요.
"이고르, 넌 정말 태평하구나. 마치 외계인이 쳐들어오기를 기다리는 것 같은데."
이고르는 여전히 텔레비전만 뚫어지게 쳐다봤어요.

프래니는 다시 돌아가서 하늘을 살펴보았지만 우주선도, 레이저 광선도, 외계인도 보이지 않았어요.
"이고르, 외계인이 지구로 쳐들어오는 걸 대체 어디서 봤다는 거야?"
이고르는 외계인이 지구를 습격하는 영화가 나오고 있는 텔레비전을 가리켰어요.

프래니는 어리둥절해져서 다시 물었어요.

"영화였어?"

이고르가 고개를 끄덕였어요.

"영화에서 봤단 말이야?"

프래니는 소리를 지르기 시작했어요.

"영화라고? 기껏해야 고무로 만든 외계인 옷을 입은 사람들을 보고 그렇게 호들갑을 떨었던 거야? 너 때문에 우리 모두가 얼마나 위험한 상황에 처할 뻔했는지 아니? 후유, 하마터면 **지구 최후의 날** 폭탄을 터뜨릴 뻔…"

순간, 프래니는 깜짝 놀라 말문을 닫고 말았어요.

프래니는 탁자를 가리키며 말했어요.

"**지구 최후의 날** 폭탄이 어디 갔지? 탁자 위에 올려 놨는데, 네 포도 접시 바로 옆에 말이야."

이고르는 어깨를 으쓱하며 어색한 웃음을 지었어요. 잘못을 저지른 뒤 들키고 싶지 않을 때 짓는 그런 멋쩍은 웃음 말이에요. 프래니도 그 웃음을 잘 알고 있었어요. 여러 번 그렇게 웃어 봤거든요.

 프래니는 이고르를 끌어다가 엑스레이 기계 앞에 앉혔어요. **지구 최후의 날** 폭탄은 이고르의 배 속에 들어 있었어요.
 "이럴 줄 알았어! 그걸 먹어 버렸잖아. 멍청하게 텔레비전만 쳐다보다가 포도인지 폭탄인지도 모르고 삼켜 버린 거라고!"

프래니는 재빨리 서랍에서 청진기를 꺼내어 이고르의 배 속에서 나는 소리를 들어 보았어요. 똑딱똑딱 소리가 들렸어요.

"시한장치가 작동하고 있잖아! 네가 폭탄을 깨무는 바람에 단추가 눌려서 시한장치가 작동하기 시작했나 봐!"

"이고르, 너한테 정확하게 설명할 순 없지만 간단히 말하자면, 한 시간이 지난 후 온 세상에 가루비가 내리게 될 거야!"

이고르, 네가 폭탄을 삼켰어

프래니는 망설일 시간이 없었어요. 애완견이 시한폭탄을 꿀꺽 삼킨 데다가, 폭탄이 터지기까지 겨우 60분밖에 남지 않았다면 손쓸 방법이 그리 많지 않기 때문이죠. 비슷한 일을 겪은 사람이 있다면 한번 물어보세요. 너나없이 그렇게 말할걸요.

프래니는 종이에 이것저것 적어 가며 몇 가지 방법들을 떠올려 봤어요.

이고르를 로켓에 태워서 달까지 쏘아 보내면 어떨까?

하지만 폭탄이 터지면 달도 콩가루가 되고 말걸.

이고르를 거대한 콘크리트 상자에 가둬 버릴까?

하지만 폭탄이 너무 세기 때문에 어림도 없을 거야.

응급 수술을 해 볼까?

수술 도구로 조금만 잘못 건드려도 폭탄이 터지고 말 텐데?

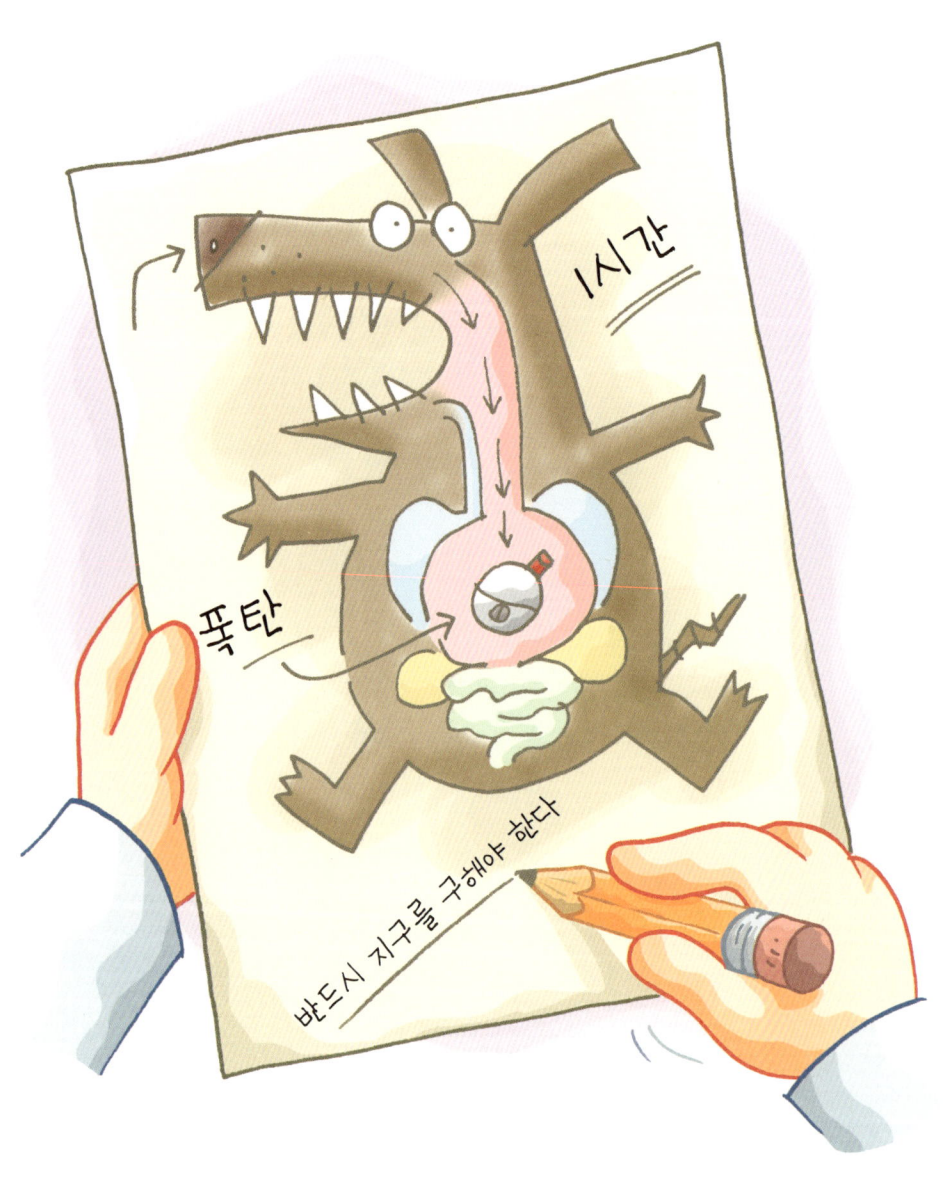

"방법은 하나밖에 없군. 내가 들어가는 거야."

내가 가는 길이 지저분하더라도

"이옷을 입으면 개 배 속에 있는 끔찍한 액체들 속에서도 버틸 수 있을 거야."

프래니는 특수복을 입으며 말했어요.

이고르는 얼굴을 잔뜩 찌푸렸어요.

"이고르, 너한테 나쁜 감정이 있는 건 아니야. 하지만 네가 내뱉는 트림 냄새를 맡는다고 생각해 보란 말이야. 난 지금 아주 황당하고 어처구니없는 항해를 해야 해. 네 배 속에 들어가면 좋을 일이 하나도 없다고."

이고르는 제 입 냄새를 맡아 봤어요. 프래니 말이 맞았어요. 배 속이 엉망으로 상했나 봐요.

"내 계획은 이거야. 먼저 뭐든지 작게 만드는 **오글이** 장치로 내 몸을 아주 작게 만들 거야. 그다음엔 네가 숨을 들이쉴 때 네 콧속으로 들어가는 거지."
프래니 말을 들은 이고르가 제 입을 가리켰어요.
"아니, 입은 안 돼. 콧구멍을 통해서 들어갈 거야. 네 이빨을 믿을 수가 없단 말이야. 실수로 나를 깨물기라도 하면 큰일이잖아."

프래니는 이고르의 몸을 그린 그림을 가리켰어요.
"일단 네 콧속으로 들어가기만 하면, 그다음엔 내가 알아서 목구멍을 타고 위장까지 내려갈 거야."
이고르가 프래니에게 전등을 건넸어요.
"이고르, 좋은 생각이야. 하지만 이 옷은 어둠 속에서 빛이 나기 때문에 전등은 필요 없어."

"네 위장에 들어가면 폭탄을 찾아서 이 나사돌리개로 뚜껑을 열고 시한장치를 멈추게 할 거야. 아, 이제 되돌아 나오는 작전을 세워야겠구나."

프래니의 계획을 들은 이고르는 겁이 난 듯했어요.

"폭탄을 찾으면 시한장치를 멈춘 다음에 이 무전기로 너를 부를 거야. 그때 넌 배를 깔고 바닥에 눕기만 하면 돼. 네가 바닥에 누우면 내가 폭탄을 공처럼 굴려서 밖으로 내보내기가 쉬울 테니까. 나는 콧구멍으로 걸어서 나올게."

이고르가 알았다고 고개를 끄덕였어요.

"그다음엔 이 리모컨으로 오글이를 반대로 작동시켜서 작아진 내 몸을 다시 원래대로 키우면 되는 거야. 그럼 모든 게 제자리로 돌아오게 되는 거지."

"나는 팔목에 찬 이 조그만 화면으로 처음부터 끝까지 네가 잘 있는지 지켜볼 거야. 기다리는 동안 넌 그냥 여기 앉아서 멍청한 텔레비전이나 보고 있으면 돼."
이고르는 조그만 앞발을 들어 짝짝 박수를 쳤어요.

프래니는 시계를 봤어요. 시간이 45분 정도 남아 있었어요.

"작전이 이렇게 훌륭한데, 잘못될 일이 뭐 있겠어?"

프래니는 흡족한 듯이 말했어요.

이고르 콧구멍 속으로

프래니는 오글이 앞에 서서 단추를 눌렀어요. 이고르는 프래니가 눈에 보이지도 않을 만큼 작아지는 모습을 지켜보았어요.

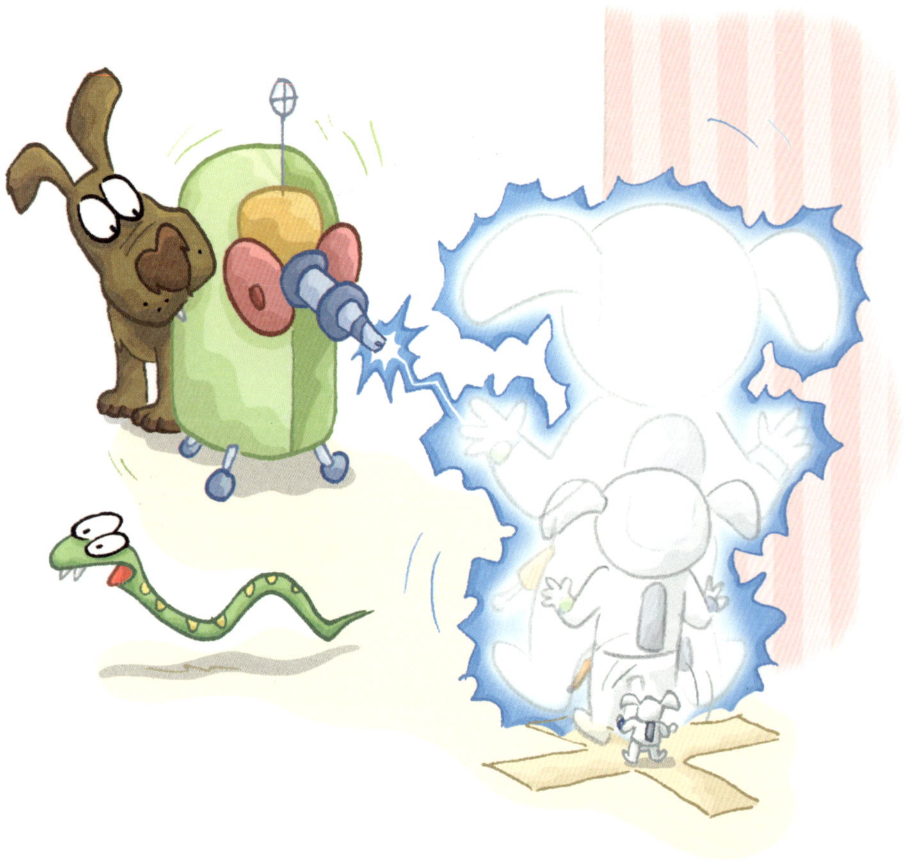

 이고르는 살그머니 프래니에게 기어가서 조심조심 코를 갖다 댔어요. 프래니는 어마어마하게 큰 코를 올려다보며 마음의 준비를 했어요. 잠시 뒤 프래니는 거센 콧바람과 함께 이고르의 커다란 콧구멍 속으로 빨려 들어갔어요.

다른 사람 같으면 으스스 겁을 내거나 끔찍한 느낌에 휩싸였을 거예요. 곧장 집으로 도망쳐서 목욕탕에 뛰어들어서는 씻고, 씻고, 또 씻었을지도 모르죠. 하지만 프래니는 아무렇지 않게 콧구멍 속으로 걸어 들어갔어요.

한 걸음 걸을 때마다 발밑에서 철벅철벅 소리가 났어요. 프래니는 시간만 있다면 거기서 진짜 재미있게 놀고 싶었죠.

깊고 깜깜한 목구멍

프래니는 콧구멍 안쪽 끝에 서서 깊고 깜깜한 목구멍을 내려다보았어요. 중요한 건 반드시 식도를 따라 내려가야 한다는 거였어요. 안 그러면 허파로 빠져 버릴 수도 있으니까요.

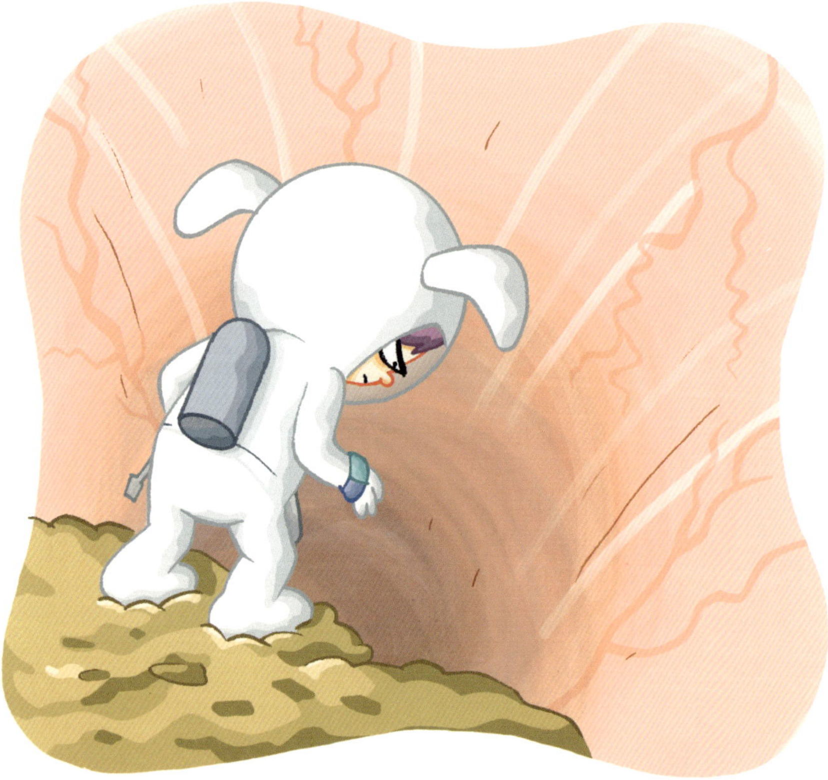

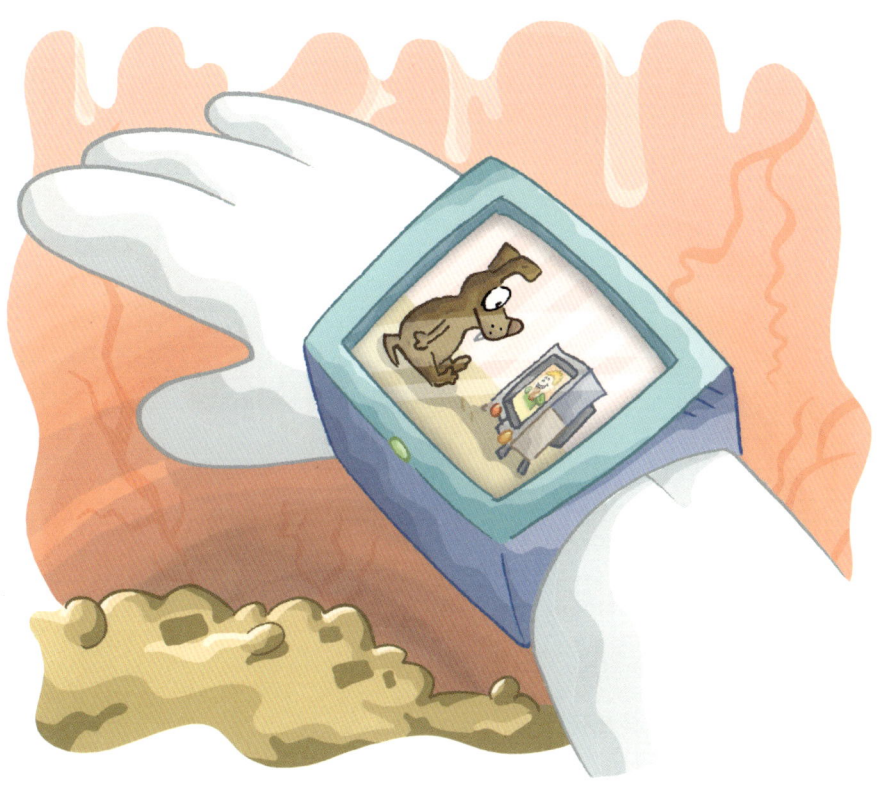

 팔목에 찬 모니터를 들여다보니 이고르가 아무 생각 없이 텔레비전을 보고 있는 모습이 눈에 들어왔어요. 배 속에서는 폭탄이 터지려 하고, 콧속에는 조그만 꼬마가 걸어 다니고 있는데도 말이에요.
 "텔레비전을 만들어 주는 게 아니었어."
 프래니는 한숨을 내쉬며 중얼거렸어요.

프래니는 뒤로 몇 걸음 물러나 뛰어내릴 준비를 했어요. 그러고는 세차게 달려 나가 이고르의 목구멍 아래로 몸을 던졌어요. 생각했던 것보다 오래 떨어지는 것을 느끼며 밖으로 되돌아 나가는 길이 아주 멀다는 사실을 깨달았어요.

프래니는 마침내 끈적끈적하고 지저분한 이고르의 위 속에 첨벙 떨어졌어요.

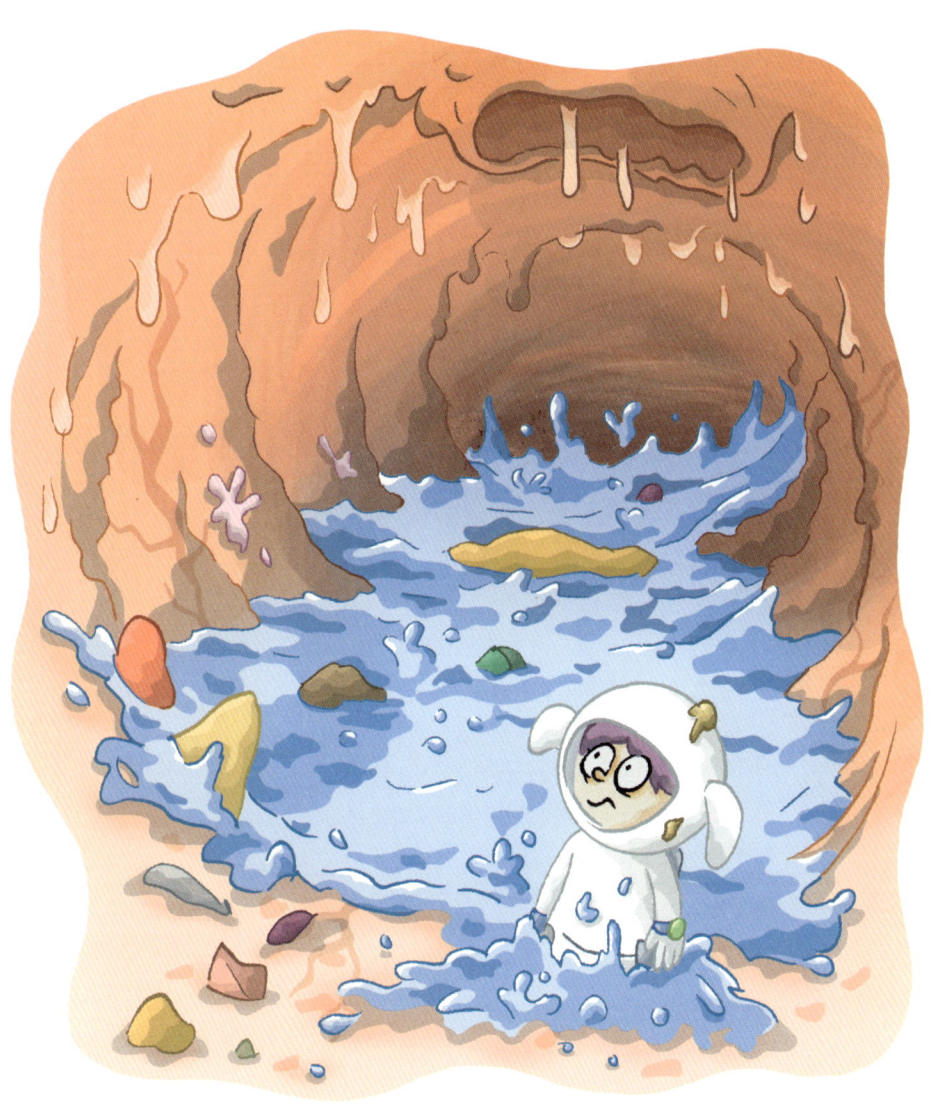

프래니는 주변을 두리번두리번 살펴보았어요. 위 속에 비하면 콧구멍 속은 그야말로 사랑스럽기 짝이 없는 곳이었다는 생각이 들었죠.

무슨 배 속이 이래?

이고르의 배 속은 차마 눈 뜨고 보지 못할 지경이었어요. 흔들리는 도넛 조각에 몸을 실은 프래니의 눈에는 반쯤 소화된 포도며 피자 덩어리, 핫도그 조각들이 갖가지 액체에 뒤섞여서 출렁이는 모습이 보였어요. 물어뜯긴 장난감 위로 고드름처럼 매달린 사료 국물이 뚝뚝 떨어지고, 게걸스럽게 집어삼킨 음식물 찌꺼기의 소용돌이를 타고 털 뭉치들이 불쑥불쑥 솟구쳤어요.

배 속은 이고르가 삼킨 온갖 괴상한 물체들로 가득했어요. 구두끈 조각에다 심지어 조그만 장난감 인형의 발까지 들어 있었으니까요.

하지만 **지구 최후의 날** 폭탄은 보이지 않았어요. 아무래도 밑으로 가라앉은 것 같았어요.

"마지막으로 먹은 건 썩은 달걀이었군."

프래니는 썩은 달걀이 동동 떠내려가는 걸 보며 중얼거렸어요. 프래니는 다시 한번 시간을 확인하고 액체 속으로 뛰어들었어요.

껌, 껌, 껌, 온통 껌이야

시간이 별로 없었어요. 폭탄을 빨리 찾지 못하면 프래니와 이고르, 연구실은 물론이고 지구 반쪽이 몽땅 사라지고 말 테니까요.

"내가 처음부터 이런 무시무시한 파괴력을 가진 발명품을 만들지 않았더라면 어땠을지 가끔 궁금해진단 말이야."

프래니는 씩 웃으며 중얼거렸어요.

 바로 그 순간, 땅콩 과자 조각 옆에서 흔들거리는 **지구 최후의 날** 폭탄이 눈에 들어왔어요. 폭탄은 액체 표면에 둥둥 뜬 채 째깍째깍 터질 순간을 기다리고 있었어요.
 프래니는 있는 힘껏 헤엄쳐서 폭탄 쪽으로 다가갔어요. 분홍색 실타래 같은 것들이 흐물흐물 기분 나쁘게 늘어져 있었지만 프래니는 신경 쓰지 않았죠.

그런데 막 폭탄을 손에 움켜쥐려는 순간, 몸이 더 이상 앞으로 나아가질 않았어요. 아래를 쳐다보니 끈적끈적한 분홍색 찌꺼기가 프래니의 다리를 옭아매고 있었어요. 빠져나오려고 안간힘을 썼지만 도리어 손까지 붙들리고 말았지요. 발버둥을 치면 칠수록 몸은 더 고약하게 얽혀 들어갔어요.

"껌이잖아! 이고르 녀석 풍선껌을 얼마나 삼킨 거야?"

프래니는 꽁꽁 묶여서 빠져나올 길이 없어 보였어요. 껌 올가미에 꼼짝없이 갇힌 채 시간은 째깍째깍 흘러만 갔어요.

"과자 조각이 꼭 깨진 유리 같잖아!"

프래니는 간신히 몸을 뒤틀어 땅콩 과자 조각 옆으로 다가갔어요.

그러고는 날카로운 땅콩 과자 조각에 껌 타래를 대고 위아래로 세차게 문질렀어요. 문지르고 또 문지르자 마침내 껌이 잘려 나가고 프래니는 자유로운 몸이 되었죠.

프래니는 **지구 최후의 날** 폭탄을 움켜쥐고 나사돌리개를 높이 들며 말했어요.

"감히 껌 따위가 엽기 과학자의 길을 막으려 하다니."

나사돌리개가 앞길을 막는구나

프래니는 의기양양한 얼굴로 씩 웃었어요. 껌 때문에 잠깐 시간이 늦춰지긴 했지만 그 뒤로는 모든 것들이 계획대로 진행되고 있었거든요.

"이제 이 꼬마 나사돌리개로 엄청나게 큰 폭탄의 나사를 풀어서 폭탄 뚜껑을 열고 폭파 장치를 잠그기만 하면 끝이야."

"가만, 엄청나게 큰 폭탄의 나사를 꼬마 나사돌리개로 푼다고?"

프래니는 숨이 막히는 듯했어요.

"계산을 잘못했잖아! 나사돌리개가 나사에 비해 너무 작아졌으니 폭탄 뚜껑을 열긴 어렵게 됐어. 꼼짝없이 폭탄이 터지고 말겠군!"

프래니는 이고르의 배 속을 이리저리 둘러봤어요.

"이 안에 쓸 만한 게 있다면 모를까."

그렇지만 이고르는 나사돌리개 같은 건 삼키지 않았어요. 적어도 아직까지는 말이죠.

"아, 무전기가 있었지! 이고르한테 나사돌리개를 삼키라고 말해야겠어!"

프래니는 다시 시계를 봤어요.

"시간이 얼마 없네! 서둘러야겠어."

프래니는 무전기의 단추를 누르고 말했어요.

"이고르, 내 말 들리니? 이고르!"

프래니는 팔목에 찬 화면을 들여다봤어요. 이고르는 대답이 없었어요. 그저 텔레비전만 들여다보고 있었죠.

"이고르! 내 말 안 들려?"

프래니는 꼬마 나사돌리개를 다시 한번 쳐다봤어요. 그제야 자신의 실수가 무엇인지 깨달았지요.

"내 입, 성대, 목소리가 다 작아졌어! 아무리 소리를 질러 봐야 개미 소리로밖에 들리지 않는다고."

프래니는 팬케이크 덩어리 위에 주저앉았어요. 좀 끈적거리기는 했지만 그래도 꽤 편안했답니다.

"어디 보자. 개 배 속에 갇혔으니 무선 통신으로 도움을 청할 수도 없게 됐잖아. 이제 곧 폭탄이 터질 텐데, 이고르가 알아서 배를 깔고 누워 준다고 해도 제시간 안에 이 폭탄을 굴리고 나갈 자신도 없으니. 프래니! 머리를 쓰자, 머리를!"

텔레비전 채널을 돌려라

프래니는 가지고 있는 장비를 살폈어요. 나사돌리개랑 시계 그리고 **오**글이 리모컨이 전부였죠.

"그래, 리모컨이 있었지!"

프래니는 갑자기 씨익 웃으며 말했어요. 그러고는 리모컨 뒤쪽 나사를 풀고 뭔가를 뜯어고치기 시작했어요.

"이 리모컨을 조금 고치면 여기서도 텔레비전을 조정할 수 있을 거야."

프래니는 손목에 찬 화면을 보며 고쳐 만든 리모컨의 단추를 눌렀어요. 그러자 이고르가 보고 있는 텔레비전 채널이 바뀌었어요.

"성공! 이고르, 지금부터 잘 보고 있어야 해!"

프래니가 소리쳤어요.

프래니는 미친 듯이 채널을 돌리기 시작했어요. 프래니는 자동차와 장난감, 청바지 그리고 햄버거 광고들을 빠른 속도로 넘겨 보냈어요.
"자, 자, 자! 어서 지구를 구해 보자!"
프래니가 소리쳤어요.
옥수수 과자 광고 화면이 나오자 프래니는 마침내 채널을 멈추었어요.
"바로 이거야."

과자 광고를 보고 있던 이고르는 갑자기 방을 나가더니 얼마 뒤 커다란 과자 봉지를 들고 다시 돌아왔어요.
"그럴 줄 알았지!"
프래니는 안심한 목소리로 말했어요.

아작아작 깨물어 먹은 옥수수 과자 부스러기들이 이고르 배 속으로 쏟아져 들어오기 시작했어요.

"좋았어, 바로 이거라니까."

프래니는 세모꼴 부스러기 두 개를 낚아채서 한쪽으로 끌어당기며 소리쳤어요.

"이제 녀석이 이걸 먹고 목이 마르기를 기다려야 해."

프래니는 손목에 찬 화면을 통해 이고르를 살펴봤어요. 지금쯤 목이 마를 만도 한데 이고르는 도무지 움직일 생각을 안 했어요. **지구 최후의 날** 폭탄에서는 계속해서 째깍째깍 소리가 들려왔어요.

"이런! 이고르, 빨리! 넌 옥수수 과자를 그렇게 먹는데도 목이 마르지 않니?"

프래니가 소리쳤어요.

"흠, 다른 방법을 좀 써야겠군."

프래니는 다시 채널을 돌리며 말했어요.

프래니는 뜨거운 햇볕이 내리쬐는 길 위에서 힘겹게 달리기를 하는 마라톤 중계방송을 찾아냈어요.

"이걸 보면 목이 더 마르겠지."

프래니가 초조한 듯 말했어요.

 또다시 밖으로 달려 나간 이고르는 잠시 뒤, 운동화를 신고 가슴에 번호판을 단 채 되돌아왔어요.
 "아니야, 아니야, 그게 아니라고!"
 프래니가 소리쳤어요.
 프래니는 사막에서 길을 잃은 사람이 나오는 영화를 찾아 채널을 돌렸어요.
 "저 사람들 정말로 목이 말라 보이는군. 이걸 보면 이고르도 목이 타겠지."

이고르는 밖으로 뛰쳐나가더니 자외선 차단 크림과 사막 지도를 손에 들고 들어왔어요.

"아니야, 아니야, 그게 아니라고!"

프래니는 소리를 지르며 태양을 다룬 과학 방송을 찾아 채널을 돌렸어요.

"태양 표면의 온도는 섭씨 6천 도에 이릅니다."

해설자가 설명했어요.

"이번에는 되겠지."

프래니는 중얼거리며 이고르가 방을 뛰쳐나가는 모습을 지켜보았어요.

이고르는 주스 한 잔을 들고 돌아왔어요.

"아니야, 안 돼, 안 된다니까! 주스가 아니라고!"

프래니는 미친 듯이 리모컨 단추를 누르며 소리쳤어요. 지구의 운명이 이고르가 주스를 마시느냐, 안 마시느냐에 달려 있었으니까요.

마침내 프래니는 기다리던 화면을 찾아냈어요.

"그래, 바로 이거야!"

이고르가 주스를 막 입에 대려는 순간 텔레비전 화면에 청량음료의 광고 장면이 나타났어요.

이고르는 아이들이 시원한 청량음료를 큼직한 유리잔에 따르는 장면을 보았어요. 아이들이 얼음처럼 차갑고 맛있는 사이다를 꿀꺽꿀꺽 마시자 이고르의 눈이 휘둥그레졌어요. 아이들이 입술에 묻은 거품을 맛있게 핥아 먹는 모습을 보고는 군침을 뚝뚝 흘리기 시작했죠. 이고르는 더 이상 참을 수가 없어서 자리를 박차고 달려 나갔답니다.

　이고르는 금세 청량음료 깡통을 들고 다시 나타났어요. 그리고 바닥에 털썩 주저앉더니 게걸스럽게 들이마셨어요.

곧 거품이 섞인 청량음료가 이고르 배 속으로 쏟아져 들어오기 시작했어요.

"야호, 성공이다!"

프래니가 환호성을 질렀어요.

이고르, 참지 않아도 돼!

프래니는 껌 뭉치로 옥수수 과자 조각 두 개를 이어 붙였어요. 이고르의 배 속은 청량음료 거품이 부글부글 끓으면서 팽팽하게 부풀어 올랐어요.

프래니는 시계를 봤어요. 시간이 얼마 남지 않았어요.

"좋아, 이고르. 이제 그 고약한 트림을 시원하게 한번 해 보는 거야."

그렇지만 이고르는 트림을 하지 않았어요. 배가 빵빵하게 부풀었지만 트림을 하지 않고 억지로 참고 또 참았답니다.

"이럴 수가! 이고르는 내가 만든 규칙을 지키고 있는 거야. 트림을 억지로 참는 거라고."

프래니는 자신이 이고르에게 한 말을 떠올리며 중얼거렸어요.

프래니는 다시 채널을 돌리며 말했어요.

"이고르, 어떻게 좀 해 봐!"

프래니는 보기만 해도 저절로 춤이 나올 것 같은 음악 방송을 찾아냈어요. 음악을 듣자 이고르가 발바닥으로 톡톡 박자를 맞추기 시작했어요.

프래니는 텔레비전 소리를 조절할 수 있도록 다시 리모컨을 고친 뒤에 음악 소리를 더 크게 높였죠.

 그러자 이고르가 음악 소리에 맞춰 어깨를 들썩이기 시작했어요. 프래니가 음악 소리를 더 높이자 이고르는 흥겨운 듯 꼬리를 살랑살랑 흔들었어요.
 프래니는 악을 썼어요.
 "제발, 온 인류를 위해서 힘차게 흔들어 봐!"
 프래니가 소리를 끝까지 키우자 이고르는 마침내 정신없이 몸을 흔들어 대기 시작했어요.

이고르는 음악 방송에 나오는 사람들이 하는 대로 이 춤 저 춤을 마구 추었어요. 그러자 청량음료가 들어 있는 배 속도 출렁출렁 흔들렸답니다.

"이젠 트림을 참기 힘들걸."

프래니가 말했어요.

배가 더욱 팽팽해지자 프래니는 마지막으로 옥수수 과자를 매만진 다음 껌으로 **지구 최후의 날** 폭탄을 옥수수 과자에 단단히 붙였어요. 그러고는 숫자를 세었지요.

"5, 4, 3, 2, 1."

이고르는 더 이상 참을 수가 없었어요. 결국 배가 산처럼 부풀어 오르면서 엄청나게 큰 트림이 터져 나왔지요.

꺼 어 어

"발사!"

프래니가 소리쳤어요. 프래니는 옥수수 과자로 만든 비행기를 꽉 붙잡은 채, 트림 바람에 실려서 이고르의 목구멍을 타고 날아올랐어요.

프래니는 곧장 이고르의 입 밖으로 빠져나왔어요. 어찌나 쏜살같이 날았는지 이고르의 뾰족뾰족한 이빨을 걱정할 틈도 없이 오글이 바로 앞에 미끄러지듯이 내려앉았답니다.

프래니는 서둘러서 리모컨을 원래대로 고쳤어요. 머릿속이 아득해졌어요. 폭탄이 터지기까지 일 분도 채 남지 않았거든요.

"프래니, 정신 차리자."

프래니는 정신을 가다듬었어요.

 프래니는 리모컨을 다시 원래대로 고쳤어요. 그리고는 단추를 눌러 **오글**이를 조정해서 몸과 나사돌리개를 원래 크기로 키웠지요. 프래니는 **지구 최후의 날** 폭탄을 움켜쥐고 다시 커진 나사돌리개로 뚜껑을 열었어요.
 프래니는 폭탄이 터지기 2초 전에야 간신히 폭탄에 설치된 시한장치를 멈출 수 있었답니다.

이고르도, 프래니도, 연구실도, 지구의 반쪽도, 모두 모두 무사했어요.

프래니는 이고르를 보며 말했어요.

"이고르, 이제 괜찮아. 우린 안전해."

이고르가 빙그레 웃었어요.

"근데 너한테 물어볼 게 있어. 인형 발은 왜 먹었니?"
이고르는 어깨를 으쓱해 보이며 속으로 말했어요.
'그냥 그때는 그게 먹고 싶었어.'

위험한 물건들을 없애자

프래니는 조금도 망설이지 않고 **지구 최후의 날** 폭탄을 부서뜨렸어요.

"이건 내가 만든 것 가운데 최악의 물건이야."

이번에는 이고르한테 만들어 준 텔레비전 쪽으로 고개를 돌렸어요.

"그리고 이 텔레비전은 두 번째로 나쁜 물건이지."

 이고르는 텔레비전 앞으로 펄쩍 뛰어갔어요. 프래니가 텔레비전을 부술 거라는 걸 알았거든요.
 "이고르, 비켜. 이것도 끝장을 내야 해."
 프래니가 텔레비전을 부수기에 알맞은 연장을 고르며 말했어요. 이고르는 막아도 소용없다는 걸 알았어요. 그 순간 리모컨이 눈에 들어왔어요.

프래니는 무거운 도끼를 골라 들었어요. 그 도끼는 실패한 발명품을 깡그리 부술 때 사용하는 도구였죠.

이고르는 정신없이 텔레비전 채널을 돌려 댔어요.

프래니가 도끼를 높이 치켜들었어요. 이고르는 리모컨을 누르고, 누르고, 또 눌렀지요.

 그런데 갑자기 프래니가 얼어붙은 듯이 동작을 멈췄어요. 텔레비전에서 거미를 다룬 과학 프로그램이 나오고 있었거든요. 해설자가 말했어요.
 "흑거미 한 마리는 일 년에 이천오백 마리가 넘는 새끼를 낳아 길러요."
 "우아아아! 저 거미 새끼들 좀 봐."
 프래니는 들떠서 소리를 지르며 도끼를 팽개치고는 이고르의 의자에 앉았어요. 이고르는 빙그레 웃으며 프래니 곁에 바짝 웅크리고 앉았죠.

"이고르, 네가 무슨 생각하는지 다 알고 있어."
프래니가 말했어요.
"이렇게 내가 좋아하는 방송을 틀면 텔레비전을 부수지 못할 거라고 생각하는 거지?"
이고르는 활짝 웃으며 고개를 끄덕였어요.

"음, 생각 좀 해 보자. 텔레비전이 말썽을 많이 일으키긴 하지만…. **지구 최후의 날** 폭탄을 처음 만든 사람은 나였고, 텔레비전이 없었다면 우린 지금쯤 흔적도 없이 사라지고 말았을 거야."

"좋아, 부수지 않고 남겨 둘게. 하지만 대신 나랑 약속할 게 몇 가지 있어."

이고르가 박수를 쳤어요.

"텔레비전은 잠깐씩만 봐야 해. 연구실에는 그것 말고도 할 일이 아주 많거든."

이고르가 고개를 끄덕였어요.

"그리고 텔레비전이 시키는 대로 무조건 따라 하지 마. 그건 광고 방송이 너한테 속임수를 쓰는 거니까."

이고르는 텔레비전에 대고 손가락을 흔들었어요.

"한 가지 더 있어. 앞으로는 절대로, 정말로, 진짜로 트림은 참지 마."

이고르는 청량음료를 실컷 들이마시고 트림을 크게 했어요.

프래니는 깔깔 웃었어요. 그리고 두 친구는 이고르의 의자에 꼭 붙어 앉아서 귀여운 새끼 거미 이천오백 마리가 산더미 같은 파리를 갉아 먹는 모습을 지켜보았어요.

추천의 말

세상의 모든 아이들이 프래니가 되길 꿈꾸며…

짐 벤튼의 이야기와 만화는 세련되고 유머스러우며 독자들을 즐겁게 하는 재치가 묻어 있다. 그는 '엽기 과학자 프래니' 시리즈를 통해 그의 만화와 이야기가 어린이들에게도 매력적일 수 있다는 사실을 유감없이 보여 주었다.

이 책의 주인공 프래니는 볼수록 매력적인 소녀다. 인형이나 꽃 대신 박쥐와 거미를 좋아하고, 과학에 반쯤 미쳐 있으며, 머리가 둘 달린 로봇과도 용감하게 싸우는 프래니를 보고 있으면, 입가에 미소가 절로 밴다. 악동 같은 눈망울과 장난기어린 미소의 이 엽기적인 꼬마 과학도가 친구들과 친해지기 위해 벌이는 좌충우돌 사건들을 보면서, 우리 아이들도 '우정'을 배우고, '상상력'을 키우며, '차이'를 인정하는 성숙한 청소년으로 자라게 되기를 바란다.

세상의 모든 어린이는 '타고난 과학자'다. 직접 만져 보거나 먹어 보지 않으면 안달하고, 마음대로 부수고 해부해 봐야 직성이 풀리는 엽기적인 실험 과학자, 나를 둘러싼 모든 것이 궁금하고,

　세상의 어떤 선입견으로부터도 자유로운 아마추어 과학자가 바로 아이들인 것이다. 돌이켜 보라. 우리들도 예전엔 조금씩 프래니가 아니었던가! 우리도 얼마나 프래니처럼 '엽기적인 방'과 '나만의 도시락'을 갖고 싶어했던가!

　부디 세상의 모든 꼬마 과학자들이 그 왕성한 호기심과 놀라운 상상력을 잃지 말고, 훌륭한 과학자로 성장해 주길. 특히 상상력으로 가득 찬 '세상의 모든 아이들'이 엽기적이어도 좋으니 프래니처럼 창조적인 과학자가 되어 주길 간절히 바란다.

　우리 아이를 남들과 다르게 키우고 싶다면, 이 책을 펼쳐 보시길. 책장을 넘길 때마다 날마다 조금씩 성장하는 아이를 보게 될 것이다.

　　　　정재승(KAIST 바이오시스템학과 교수, 『정재승의 과학콘서트』 저자)

옮긴이의 말

재미있게, 열심히, 미친 듯이 매달리는 친구 프래니

엽기 과학자 프래니 이야기를 우리말로 옮기면서 저는 이따금 어렸을 때를 떠올렸어요. 한동안 제 꿈도 과학자가 되는 거였거든요. 과학자가 되기 위해서 어떤 공부를 얼마나 해야 하는지는 중요하지 않았죠. 그저 거품이 이는 화학 약품을 부글부글 끓이는 알코올램프라든지, 알록달록한 액체가 든 비커며 시험관 따위가 어지럽게 들어찬 실험실이 갖고 싶었어요. 그런 실험실만 있다면 뭐든지 만들어 낼 것만 같았답니다.

하지만 실험실이 없다고 해서 과학자가 못 되는 건 아니지요. 실험실은 없었지만 어느 날 동생과 함께 비행기를 만들기 시작했거든요. 멀리 떨어진 큰집까지 비행기를 타고 눈 깜짝할 사이에 날아가는 상상만 해도 신이 났으니까요.

그래서 비행기를 만들었냐고요? 못 만들었어요. 아니 만들다가 그만두었죠. 푹신한 비행기 의자부터 만들려고 푹신한 풀을 베다가 지쳐서 잠이 들어 버렸거든요. 잠에서 깬 다음에는 다른 일에 마음을 빼앗기는 바람에 그만 비행기를 까맣게 잊고 말았어요.

그런데 프래니는 한번 만들려고 생각하면 절대로 잊는 법이 없는 친구더군요. 프래니가 훌륭한 실험실을 가지고 있기 때문

에 발명을 성공시키는 것 같지는 않아요. 그보다는 머릿속에 떠오르는 생각이 멋진 발명품으로 태어날 때까지 재미있게, 열심히, 미친 듯이 매달리는 친구죠. 그래서 엽기 과학자라고 불리는지 모르겠지만 말이에요.

알고 보면 우리들 마음속에는 누구나 프래니 같은 엽기 과학자가 숨어 있답니다. 여러분 마음을 잘 들여다보세요. 이 세상에는 없는, 앞으로도 없을지도 모르는 재미있는 발명품을 만들고 싶어서 눈을 반짝반짝 빛내는 프래니가 틀림없이 있을 거예요.

이 책은 바로 여러분과 여러분 마음속에 있는 그 특별한 과학자를 만나게 해 주는 통로랍니다. 프래니는 멀리 떨어진 나라에 살고 있는 낯선 어린이가 아니라 바로 여러분 자신이죠. 프래니가 책 속에서 만들어 내는 발명품은 바로 여러분이 만들어 내는 것이고요.

잊지 마세요. 여러분은 프래니처럼 엉뚱하지만 귀엽고, 못 만들 게 없는 엽기 과학자라는 사실을요.

옮긴이 **박수현**

엽기 과학자 프래니

박쥐와 거미를 좋아하고, 엽기적인 발명품을 만들어 내는
엽기 과학자 프래니의 좌충우돌 발명, 모험, 우정, 성장 이야기!

글·그림 짐 벤튼 | 옮김 박수현 외　값 각 권 12,000~13,000원

★ 뉴욕타임즈 베스트셀러 작가　★ 국제독서학회, 미국 아동 권장 도서　★ 골든덕 과학도서상 수상

01 거대한 도시락 괴물

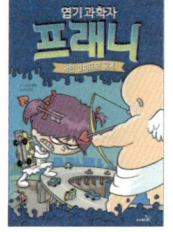
02 거인 큐피드의 공격

03 투명 인간이 된 프래니

04 타임머신 타고 시간 여행

05 지구 최후의 날 시한폭탄

06 복제 로봇과 프래니의 대결

07 반장 선거에 나간 프래니

08 머리카락 괴물의 습격

09 재앙을 부르는 악마의 머핀

10 두꺼비 바이러스에 걸린 프래니

상상력과 창의력을 쑥쑥 길러 주는
엽기 과학자 프래니 게임북

프래니가 알려 주는 '프래니처럼 머리 좋아지는 비결' 대공개!
다양한 활동을 통해 과학 탐구력과 창의력, 집중력과 관찰력을 키워 보세요.

글·그림 짐 벤튼 | 값 각 권 8,000원

01 엽기 실험 따라잡기

상상을 초월하는 엽기 과학 실험, 화학식 퍼즐, 어휘력을 키우는 활동들과 깜찍한 캐릭터 카드가 담겨 있어요.

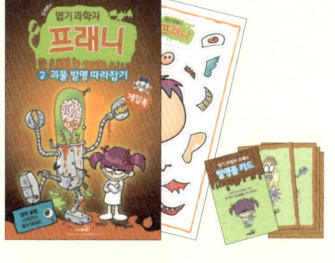

02 괴물 발명 따라잡기

오싹오싹 소름 돋는 괴물도 만들고, 머리가 좋아지는 암호도 풀고, 창의력을 키워 주는 이야기도 만들어 보세요.

03 괴짜 과학 따라잡기

프래니의 친구라면 꼭 도전해 보고 싶은 프래니 독서왕퀴즈를 풀어 보고 사랑스런 괴물 카드도 모으세요.

04 엉뚱 상상 따라잡기

어지러운 미로도 찾고, 난센스 퀴즈로 재치도 키우세요. 과학자에게 꼭 필요한 깜짝 실험 장치 카드도 들어 있어요.